Renate Zimmer

So fördert Bewegung
die Lust am Lernen

HERDER spektrum

Band 5745

Das Buch

Kinder, die sich gern und sicher bewegen, werden leichter von sich aus aktiv, verfügen über eine ausgeprägte Sinneswahrnehmung und stehen – auch im übertragenen Sinn – sicher auf ihren Füßen: optimale Bedingungen für den Schulstart. Die sinnlichen Erfahrungen, die Kinder über Bewegung machen, führen zu einer besseren Vernetzung im Gehirn. Bewegung ist so gewissermaßen der Motor des Lernens, fördert Selbstständigkeit, Problemlösefähigkeit und Durchhaltevermögen. Hintergrundinformationen und viele praktische Spielideen für eine „bewegte Kindheit". Mit Praxistests.

Die Autorin

Renate Zimmer, Dr. phil., Professorin für Sportpädagogik an der Universität Osnabrück, arbeitet selbst regelmäßig mit Kindern und ist durch ihre Vorträge und Veröffentlichungen zur Psychomotorik und Bewegungserziehung international bekannt. Bei Herder spektrum: Schafft die Stühle ab!; Toben macht schlau!; Kinder brauchen Selbstvertrauen.

Renate Zimmer

So fördert Bewegung die Lust am Lernen

Mit Praxistest

HERDER

FREIBURG · BASEL · WIEN

Fotos im Innenteil: Renate Zimmer
Strichzeichnungen: Heike Friedel
Konzept und Redaktion:
Lektorat Hille & Schäfer, Freiburg

Gedruckt auf umweltfreundlichem,
chlorfrei gebleichtem Papier

Originalausgabe

www.herder.de
Herstellung: fgb · freiburger graphische betriebe 2007
www.fgb.de
Umschlaggestaltung und Konzeption:
R·M·E München / Roland Eschlbeck, Liana Tuchel
Umschlagmotiv: Renate Zimmer
ISBN 978-3-451-05745-8

Liebe Leserin, lieber Leser,

im vorliegenden Buch werden Sie immer wieder auf die folgenden Symbole stoßen:

Die Glühbirne findet sich immer dort, wo die wichtigsten Gedanken eines Kapitels noch einmal in Kürze zusammengefasst werden.

Wo die beiden folgenden Symbole stehen, finden Sie praktische Übungen, Spiele und Ideen, die Sie gemeinsam mit Ihrem Kind – oder auch mit mehreren Kindern – ausprobieren können.

INHALT

LIEBE ELTERN ...

die meisten Kinder lieben alles, was mit Bewegung zu tun hat: Rennen, hüpfen, über Pfützen springen und auf Bäume klettern – die Lust an der Bewegung ist vor allem in den ersten Lebensjahren groß, langes Stillsitzen ist für Kinder eine Strafe.

Wenn sich Kinder tagsüber ausreichend bewegen konnten, sind sie am Abend ausgeglichener und schlafen besser. Das ist ja ganz praktisch – und für die Gesundheit ist Bewegung ebenfalls unerlässlich –, aber hat sie auch einen darüber hinausgehenden Wert?

Bestimmt haben Sie sich schon oft gefragt, ob Ihr Kind nicht langsam lernen sollte, etwas länger stillzusitzen – besonders, wenn es bald in die Schule kommt.

Ich möchte Ihnen in diesem Band zeigen, wie wichtig Bewegung für die gesamte Entwicklung eines Kindes ist – insbesondere für das Lernen. Auch wenn Sie ein weniger bewegungsfreudiges Kind haben: Die beschriebenen Spielvorschläge treiben sogar Bewegungsmuffel schnell vom Sofa. Ich möchte Ihnen außerdem Tipps und Anregungen geben, wie Sie im Alltag die Bewegungsentwicklung Ihres Kindes fördern können – mit einfachen Spielideen und mit Freude und Spaß für die gesamte Familie.

Renate Zimmer

Wie viel Bewegung braucht mein Kind?

Kinder entdecken die Welt über Bewegung.
Bewegung ist Ausdruck ihrer Vitalität und
Lebensfreude. Eltern können viel dazu beitragen,
diese Vitalität zu fördern und zu erhalten.

Jonas lässt keine Treppe aus: Schnell klettert er hinauf – um gleich wieder herunterzuspringen, mal nimmt er mehrere Stufen auf einmal und lässt sich auch von einer unsanften Landung auf dem Asphalt nicht vom nächsten Versuch abbringen. Auf dem Weg zum Kindergarten ist keine Gartenmauer vor ihm sicher, und auf dem Bürgersteig balanciert er mit Vorliebe auf der Bordsteinkante. Sogar im Kaufhaus kann man ihn kaum bremsen, den Wettlauf mit der Rolltreppe in der Gegenrichtung aufzunehmen.

Manchmal ist Jonas' Mutter genervt – warum kann Jonas nicht einmal ruhig neben ihr an der Hand gehen? Sie fragt sich, wie das wohl in der Schule gehen soll. Ob er es schaffen wird, sich auf den Unterricht zu konzentrieren, ob er einen ganzen Vormittag lang still sitzen bleiben kann?

Sie ist beunruhigt, denn Jonas ist eigentlich ein ganz ausgeglichener, cleverer Kerl, wenn er nur ausreichend Bewegungsmöglichkeiten hat. Deshalb geht sie oft mit ihm auf den Spielplatz, und auch in der Wohnung hat sie das Kinderzimmer so eingerichtet, dass Jonas genug Bewegungsraum hat. Hier kann er mit Schaumstoffteilen eine Bude bauen, auf den Matratzen springen und hüpfen oder sie zu einem Turm aufeinander stapeln, auf den er klettert und wieder herunterspringt. Manchmal macht sich Jonas' Mutter allerdings Gedanken, ob sie mit ihm nicht besser einmal einen Entspannungskurs besuchen sollte, damit er etwas ruhiger wird.

Andere Eltern erzählen ihr, dass ihre Kinder stundenlang Puzzles zusammenbauen oder Bilder malen. Ist das für den Start in der Schule vielleicht doch wichtiger als Klettern und Balancieren? Soll sie den Bewegungsdrang von Jonas einschränken und ihn mehr zu stillen Beschäftigungen animieren? Oder nutzt ihm die Bewegung etwas, um den Anforderungen, die in der Schule auf ihn zukommen, gerecht zu werden?

WIE KANN MAN DAS VERHALTEN VON JONAS EINORDNEN?

Bewegungsfreudige Kinder halten ihre Eltern ganz schön auf Trab, aber sie bringen auch ihre eigene Entwicklung in Schwung, und dies in vielen unterschiedlichen Bereichen: Nicht nur die körperliche, auch die geistige Entwicklung, das Selbstwertgefühl und die sozialen Fähigkeiten werden durch Bewegungsaktivitäten angeregt.

Bewegung ist für Kinder vor allem Ausdruck ihrer Lebensfreude, ihrer Vitalität, aber sie ist auch eine Quelle vielfältiger Erkenntnisse – über sich selbst und über ihre Umwelt. Vor allem in den ersten Lebensjahren ist Bewegung ein wichtiges Erfahrungsinstrument, von dem es abhängt, in welcher Weise Kinder Eindrücke aus ihrer Umwelt aufnehmen und verarbeiten.

So ist auch Jonas keineswegs bewegungsunruhig oder sogar hyperaktiv. Er ist ganz einfach ein besonders bewegungsfreudiges Kind, das seine Vitalität auslebt und einen hohen Aktivitätsgrad besitzt. Er nimmt seine Umwelt in ganz besonderer Weise wahr: Auf wackeligen Balken balancieren, rutschige Hänge hinauflaufen – das alles scheint für ihn eine besondere Herausforderung zu sein. Immer wieder wiederholt Jonas auch schwierige, sich selbst gestellte Aufgaben – bis er sie beherrscht. Wenn das Spiel dann zu einfach wird, erfindet er neue Variationen, sein Gleichgewicht aufs Neue zu testen: Auf einem Bein die Bordsteinkante entlang hüpfen, beim Überspringen des Grabens eine noch breitere Stelle suchen ...

Jonas traut sich viel zu und stellt sich gerne auf die Probe. An der Treppe überprüft er, von welcher Stufe er herunterspringen kann, und probiert das ganz systematisch aus. Nur ein oberflächlicher Beobachter würde behaupten, dass er unkontrolliert und wild sei, bei genauerem Hinsehen wird man feststellen, dass Jonas ganz genau einzuschätzen vermag, von welcher Stufe er springen kann.

Vielleicht geht es Ihnen mit Ihrem Kind ebenso. Haben Sie ein bewegungsfreudiges Kind wie Jonas, das kaum still sitzen kann? Oder ist vielleicht genau das Gegenteil der Fall, Sie machen sich Gedanken darüber, dass sich Ihr Kind zu wenig bewegt?

Selbstverständlich gibt es auch Kinder, die nicht so aktiv sind wie Jonas. Dies kann unterschiedliche Gründe haben. Manche Kinder sind vielleicht ängstlich, andere unter Umständen übergewichtig, sodass ihnen die Bewegungen schwerer fallen. Einige Kinder haben möglicherweise schlechte Erfahrungen gemacht, sich bei Bewegungsspielen verletzt und meiden diese nun eher.

Zunächst einmal ist es wichtig zu berücksichtigen, dass jedes Kind ein anderes Aktivitätsniveau, das heißt ein unterschiedlich ausgeprägtes Bewegungsbedürfnis hat. Eher ruhigere und besonnenere Kinder gehen anders mit ihrer Umwelt um als bewegungsfreudigere. Sie beobachten vielleicht erst einmal andere Kinder, bevor sie sich auf eine Schaukel wagen, oder ziehen ruhigere Spiele vor. Nicht immer müssen sich Eltern deshalb gleich Sorgen machen, aber sie sollten doch sorgsam beobachten, ob sich ihr Kind nicht vielleicht in passivere Beschäftigungen flüchtet. Fernsehen bindet z.B. viel Zeit, ist bequem, man muss sich nicht anstrengen, es verführt zum passiven Konsumieren.

Jedes Kind braucht Bewegung, damit sich seine Organe gesund entwickeln, damit sein Knochen- und Muskelwachstum angeregt wird und damit es eine gute Widerstandsfähigkeit gegenüber Krankheiten aufbauen kann. Für eine gesunde Entwicklung sind tägliche Bewegungsreize unerlässlich, sie beugen vielen Zivilisationskrankheiten wie Übergewicht und Osteoporose vor. Bewegung beeinflusst aber auch die psychische, soziale und sogar die geistige Entwicklung positiv. Diese Erkenntnis soll in den nächsten Kapiteln ausführlicher erläutert werden.

Damit Sie die Bewegungsfähigkeiten Ihres Kindes besser einschätzen, seine Stärken, aber auch seine

Schwächen erkennen können, werden im folgenden Abschnitt einige Bewegungssituationen näher beschrieben.

WIE VERHÄLT SICH MEIN KIND BEI BEWEGUNGSANFORDERUNGEN?

Wenn Sie mit Ihrem Kind auf einen Spielplatz gehen, wie geht es hier mit den Spielgeräten, mit den anderen Kindern um? Ist Ihr Kind eher vorsichtig und zurückhaltend, beobachtet es zuerst die anderen, bevor es sich selbst auf oder an ein Gerät wagt? Geht es mit Neugierde an Unbekanntes heran und probiert Neues aus? Oder meidet Ihr Kind unbekannte Geräte und wendet sich lieber den gewohnten Spielgeräten zu?

Wenn es an einem Gerät (z.B. einer Rutsche) eine kleine Warteschlange gibt, lässt sich Ihr Kind von anderen nach hinten drängen? Möchten Sie Ihr Kind gerne in einem Sportverein anmelden, weigert es sich aber, dort mitzumachen? Zieht Ihr Kind passive Beschäftigungen, z.B. Fernsehen oder Computerspielen, aktiver Bewegung vor?

Dies können Hinweise darauf sein, dass Ihr Kind sich in Bewegungssituationen eher unsicher erlebt, dass es ungewohnte Anforderungen meidet, vielleicht aus Angst, sie nicht zu bewältigen. Hier braucht das Kind Ihre Hilfe, weniger durch direkte Aufforderungen als vielmehr durch Ihre aufmerksame Begleitung und Ermutigung. Ihre vorsichtigen Verstärkungen seiner vielleicht zaghaften Versuche („Das hast du schon geschafft – das war aber ganz schön schwer!") geben ihm Unterstützung und Selbstvertrauen.

Die Bewegungsentwicklung eines Kindes vollzieht sich in den ersten sechs Lebensjahren in großen Schritten, fast jeden Tag lernt das Kind etwas Neues. Voraussetzung hierfür ist allerdings, dass es sich gerne bewegt, dass es Spaß an neuen Herausforderungen hat und sich damit selbst immer wieder Übungsmöglichkeiten zur Weiterentwicklung seiner Fähigkeiten gibt.

Der folgende Praxistest soll Ihnen Anhaltspunkte darüber geben, was Ihr Kind schon gut beherrscht und wo Sie es noch unterstützen und fördern können. Beobachten Sie Ihr Kind bei seinen Aktivitäten, auf dem Spielplatz oder zu Hause, mit anderen oder alleine. Die Aufgaben stellen keine Prüfung dar, die Ihr Kind absolvieren soll. Es sind vielmehr Bewegungsspielsituationen, die bei fünf- bis sechsjährigen Kindern normalerweise sehr beliebt sind und die sie von sich aus im Alltag spielen, wenn ihnen dazu die Gelegenheit geboten wird.

PRAXISTEST

Wie sind die Bewegungsfähigkeiten meines Kindes entwickelt?

Gleichgewicht

- Balanciert Ihr Kind gerne auf Mauern oder auf einem Baumstamm?

  ☐ Häufig ☐ manchmal ☐ selten

- Sucht es sich selbst im Alltag Herausforderungen, um den Gleichgewichtssinn zu trainieren?

  ☐ Häufig ☐ manchmal ☐ selten

- Kann es auf einem Bein mehrere Sprünge hintereinander ausführen?

  ☐ Häufig ☐ manchmal ☐ selten

- Traut es sich zu, auch auf unebenem, rutschigem Untergrund (nasse Wiese, nachgiebiger Boden, Eisflächen) zu gehen?

  ☐ Häufig ☐ manchmal ☐ selten

AUSWERTUNG

> Wenn Sie bei diesen Fragen eher mit „häufig"
> geantwortet haben, können Sie davon ausgehen,
> dass Ihr Kind einen gut entwickelten Gleich-
> gewichtssinn besitzt. Haben Sie dagegen ver-
> mehrt „selten" angekreuzt, ist anzunehmen,
> dass Ihr Kind Situationen, in denen sein Gleich-
> gewicht irritiert wird, meidet. Hier sollten Sie
> bewusst Spielsituationen suchen, in denen Ihr
> Kind die Balance halten muss und spielerisch
> seinen Gleichgewichtssinn trainieren kann (siehe
> S. 60 ff.).

Feinmotorik, Geschicklichkeit

- Benutzt Ihr Kind Werkzeug (z.B. einen Hammer oder eine Schere), und geht es einigermaßen sicher damit um?

  ☐ Häufig ☐ manchmal ☐ selten

- Kann es einen Ball auffangen, ohne ihn mit dem Körper zu sichern?

  ☐ Häufig ☐ manchmal ☐ selten

- Kann es einen Ball auf ein Ziel werfen?

  ☐ Häufig ☐ manchmal ☐ selten

- Kann es Perlen auf eine Schnur auffädeln?

  ☐ Häufig   ☐ manchmal   ☐ selten

- Setzt es bei Puzzle- oder Steckspielen die Puzzle-teile an die richtige Stelle, ohne die anderen Teile anzuschieben oder zu berühren?

  ☐ Häufig   ☐ manchmal   ☐ selten

AUSWERTUNG

Wenn Sie die meisten Fragen mit „häufig" beant-wortet haben, können Sie davon ausgehen, dass Ihr Kind geschickt auch mit gezielten Bewegun-gen, die eine gute Steuerung erfordern, umgehen kann. Haben Sie mehrmals „selten" angekreuzt, sollten Sie versuchen, mit Ihrem Kind gemein-sam Geschicklichkeitsspiele zu spielen (siehe S. 69 f.).

Koordination

- Springt Ihr Kind gerne mit einem Seil?

  ☐ **Häufig** ☐ manchmal ☐ selten

- Gelingt ihm ein Hampelmannsprung?

  ☐ **Häufig** ☐ manchmal ☐ selten

- Fährt es Fahrrad (ohne Stützräder)?

  ☐ **Häufig** ☐ manchmal ☐ selten

- Kann es Rollschuh fahren?

  ☐ **Häufig** ☐ manchmal ☐ selten

- Klettert es auf dem Spielplatz auf ein Klettergerüst?

  ☐ **Häufig** ☐ manchmal ☐ selten

- Kann es eine Treppe in schnellem Wechselschritt hinaufsteigen?

  ☐ **Häufig** ☐ manchmal ☐ selten

AUSWERTUNG

Wenn Sie die meisten Fragen mit „häufig" beantwortet haben, verfügt Ihr Kind über eine gute Koordinationsfähigkeit. Es kann Bewegungen gut aufeinander abstimmen und miteinander verbinden. Antworteten Sie dagegen eher mit „selten", hat Ihr Kind möglicherweise noch Probleme mit der Steuerung und Koordination von Bewegungen. Hier sind die Praxisanregungen ab S. 62 besonders gut zur Förderung geeignet.

Ausdauer

- Kann Ihr Kind einige Minuten rennen, ohne aus der Puste zu geraten?

  ☐ Häufig ☐ manchmal ☐ selten

- Springt es ausdauernd Hüpfkästchen (auf dem Bürgersteig oder einer Spielstraße)?

  ☐ Häufig ☐ manchmal ☐ selten

- Wenn andere Kinder Fangen spielen, beteiligt es sich daran?

  ☐ Häufig ☐ manchmal ☐ selten

- Springt es längere Zeit mit einem Seil?

  ☐ Häufig ☐ manchmal ☐ selten

- Beteiligt es sich gerne an Spielen, bei denen man laufen muss?

  ☐ Häufig ☐ manchmal ☐ selten

AUSWERTUNG

Wenn Sie mehrheitlich mit „häufig" geantwortet haben, besitzt Ihr Kind vermutlich eine gute Ausdauerfähigkeit. Haben Sie vor allem „selten" angekreuzt, dann scheint Ihr Kind wenig Spaß an Ausdauerspielen, am Rennen und ausdauernden Springen zu haben. Als Ausgleich bieten sich Spiele aus dem Praxisteil ab S. 72 an.

GESAMTAUSWERTUNG

Wenn Sie feststellen, dass Sie bei vielen Fragen insgesamt eher die Antwortmöglichkeiten „manchmal" oder „selten" angekreuzt haben, sollten Sie überlegen, ob Ihr Kind genügend Bewegungsmöglichkeiten hat und ob es in diesem Bereich eine zusätzliche Förderung erhalten sollte.

Es kommt weniger darauf an, dass Ihr Kind die Aufgaben perfekt beherrscht, sondern darauf, wie es sich in bestimmten Situationen verhält. Ein Misserfolg ist gar kein Problem, wenn Ihr Kind diesen als Herausforderung für erneutes Üben oder Probieren betrachtet. Problematisch wird es, wenn ein Kind Angst bekommt zu versagen, wenn es sich weniger zutraut als es kann und Bewegungsspiele eher meidet. Dadurch werden dem Kind viele Spielmöglichkeiten mit anderen verschlossen, es schließt sich selbst aus, und es besteht die Gefahr, dass dieses Verhalten sich in der Schule noch verstärkt.

Es ging – wohlgemerkt – bei den vorangegangenen Beobachtungsbeispielen nicht darum, ob ein Kind schwimmen, Fahrrad fahren oder geschickt mit dem Ball spielen kann, sondern vielmehr darum, wie es sich bei entsprechenden Angeboten verhält. Wenn Ihr Kind Spaß an Bewegungsspielen hat, wird es sich beim häufigen Üben auch in seinen Fähigkeiten und Fertigkeiten verbessern. Wenn es die beschriebenen Bewegungssituationen jedoch lieber meidet, ist es wichtig herauszufinden, warum es dies tut.

Ist es einfach nur eine Frage des Interesses oder hat Ihr Kind Angst zu versagen? Das führt leicht zu einem Teufelskreis: Eigentlich will das Kind bei diesen Spielen mitmachen, hat aber Angst, dass es nicht so gut darin ist, dass es Misserfolg hat – deswegen schämt es sich vielleicht. Weicht es dann künftig Spielsituationen, die etwas mit Klettern, Balancieren oder Springen zu tun haben, aus, wird es sich in seinen Fähigkeiten auch nicht weiterentwickeln können. Auf diese Art kann ein Schereneffekt auftreten: Anfangs noch geringfügige Unterschiede zwischen den Kindern werden durch Mangel an Übung und durch Vermeidung zu größeren Schwächen, die sich allzu leicht auch auf andere Bereiche übertragen können. Deshalb ist es auch sehr wichtig zu beobachten, wie Ihr Kind auf Misserfolge reagiert:

- Probiert es die Aufgabe gleich noch einmal aus oder geht es der Anforderung lieber aus dem Weg?
- Sucht es eine Ausrede, indem es die Aufgabe abwertet („Ist ja auch doof", „Ich habe sowieso keine Lust dazu" usw.)?

In Kapitel 4 finden Sie viele Anregungen, wie Sie Ihrem Kind Lust auf Bewegung machen und wie Sie gemeinsam mit Ihrem Kind Bewegungsspiele gestalten können.

 **Fazit:** Geben Sie Ihrem Kind die Möglichkeit, sich täglich ausreichend zu bewegen. Gerade dann, wenn Ihr Kind von sich aus nicht so gerne an Bewegungsaufgaben herangeht, braucht es Ihre Unterstützung, Ihre Anregung. Machen Sie mit bei den Bewegungsspielen, Sie sind Ihrem Kind auch in dieser Hinsicht ein Vorbild!

Suchen Sie gemeinsam mit Ihrem Kind nach einer geeigneten Sportgruppe, z.B. in einem Verein, denn in der Gruppe machen Bewegungsspiele am meisten Spaß, außerdem bleiben die Kinder länger dabei, wenn auch Freunde mitmachen. Überreden Sie es jedoch nicht, drängen Sie es nicht – das könnte genau das Gegenteil dessen bewirken, was Sie erreichen wollen. Die beste Motivation sind Spaß und Freude an der Sache!

Bewegung – Motor der Entwicklung und des Lernens

Kinder bewegen sich mit Lust und Freude – fast nie können sie genug davon bekommen. Über Bewegung erwerben sie aber auch wichtige Kompetenzen, die die Basis ihrer Lernfähigkeit darstellen und fit für die Schule machen. Für Eltern ist es wichtig, die Zusammenhänge von Bewegung und Lernen zu kennen.

Ob ein Kind schulfähig ist, wird bei uns meist davon abhängig gemacht, ob es in der Lage ist, eine Zeitlang stillzusitzen. Bewegung wird vielfach als störend für die Konzentration und Aufmerksamkeit angesehen.

Schulanfänger bringen in der Regel eine hohe Lernbereitschaft mit – gleichzeitig aber auch ein hohes Bewegungsbedürfnis. Beides sollte nicht gegeneinander ausgespielt werden, sondern kann sich wunderbar ergänzen. In Bewegung lernen Kinder am besten und vor allem auch am liebsten, sie sind mit Feuereifer dabei, wenn sie ihren ganzen Körper einsetzen können, wenn alle Sinne beteiligt sind – insbesondere die körpernahen Sinne.

Ein Kind, das intensiv nachdenkt und ein Problem lösen will, kniet sich z.B. auf den Stuhl und zeichnet, malt oder schreibt in dieser Position. Wenn es nach einer Lösung in Gedanken sucht, kippelt es mit seinem Stuhl hin und her, wippt auf und ab – es konzentriert sich in Bewegung. Ein sich bewegender Körper unterstützt auch die Bewegung des Geistes, regt den Gedankenfluss, die Gehirntätigkeit an.

BEWEGUNG ERLEICHTERT DAS LERNEN

In Bewegung kann ein Kind Informationen besser aufnehmen und verarbeiten, beide Gehirnhälften arbeiten enger zusammen. Wenn ein Kind Konzentrationsschwierigkeiten hat, können Bewegungsübungen ihm sogar helfen, die Aufmerksamkeit wiederzufinden. So werden Stresshormone abgebaut, das Gehirn wird besser durchblutet, damit wird die Sauerstoffaufnahme erleichtert und die Gehirnaktivität angeregt.

Bewegung erschwert also das Lernen nicht, sondern unterstützt es sogar. Sie hilft, dass Ihr Kind effektiver und mit mehr Begeisterung lernt, das Gelernte besser behält und im Langzeitgedächtnis verankert.

Ausprobieren und Erkunden

Durch Bewegung gewinnen Kinder Erkenntnisse über die Beschaffenheit ihrer Umwelt, über die Dinge und Gegenstände und ihre spezifischen Eigenschaften – diese Erkenntnisse sind eng an Bewegung gebunden. Nur durch Bewegung können sich Kinder ein Bild davon machen, wann, warum und wie ein Ball springt, rollt oder fliegt und wie man dies durch eigenes Handeln beeinflussen kann.

In den ersten Lebensjahren ist das Denken noch an unmittelbares Handeln gebunden. Das Lösen von Problemen erfolgt weitgehend durch den praktischen Umgang mit den Dingen und Gegenständen, durch Ausprobieren und Erkunden. Erst mit zunehmendem Alter verlagert sich Lernen mehr und mehr auf die Vorstellungsebene.

Gleich-Gewicht

So macht Jonas, den wir in Kapitel 1 kennen gelernt haben, beim Balancieren auf der Bordsteinkante oder auf der Mauer Erfahrungen über das Gleichgewicht. Was der Begriff „Gleich-Gewicht" bedeutet, kann er später nur verstehen, wenn er in verschiedenen Situationen mit dem eigenen Körper das Gleichgewicht ausprobieren kann: Je schmaler die Mauer ist, umso mehr muss er die Arme zum Ausgleichen des Gewichts ausbreiten, mit den Händen in den Hosentaschen würde er Gefahr laufen, von der Mauer herunterzufallen.

Auf dem Spielplatz – beim Auf- und Abfedern auf der Wippe – wird ihm klar, dass das Gewicht auf beiden Seiten der Wippe gleichmäßig verteilt sein muss, damit sie überhaupt in Schwung kommt. Mit seinem Bruder Felix zu wippen ist kein Problem, aber wenn der Vater auf der einen Seite sitzt und Jonas auf der anderen, dann ist das Wippen schnell zu Ende. Jonas schwebt in der Luft, alleine schafft er es nicht, hinunterzukommen und den Vater in die Luft zu bringen. Aber zusammen mit Felix auf einem Sitz klappt es, nun wippt die Wippe!

Physikalische Gesetzmäßigkeiten erkennen

In solchen Spielsituationen haben Kinder Gelegenheit, grundlegende physikalische Gesetzmäßigkeiten zu erkennen. Erfahrungen physikalischer Phänomene gewinnen Kinder z.B. beim Variieren ihrer Handlungen unter verschiedenartigen Bedingungen. So sind Begriffe wie Schwung, Gleichgewicht, Beschleunigung, Schwerkraft etc. unmittelbar an das eigene Tun gebunden. Sie können von Kindern über Bewegungstätigkeiten beim Schaukeln, Balancieren, Springen … gewonnen werden. Über die Veränderung der Spiel- und Bewegungssituationen (z.B. beim Balancieren über unterschiedlich breite und hohe Geräte, beim Halten des Gleichgewichts auf instabilem Untergrund) erleben sie unmittelbar Ursache und Wirkung und lernen, Zusammenhänge zu erkennen.

Be-greifen führt zur Bildung von Begriffen

Kinder bilden mit Hilfe von körperlichen Erfahrungen und Sinneserfahrungen Begriffe; im Handeln lernen sie Ursachen und Wirkungszusammenhänge kennen und be-greifen.

Auf dem Roller fahrend versucht Jonas z.B., die Geschwindigkeit zu verändern, er muss bremsen und antreten, beschleunigen und plötzlich abspringen. All das ist ein Spiel mit den eigenen Kräften, aber auch mit denen des Rollers, mit dem Untergrund auf Straße oder Weg, mit der Beschleunigung, den Brems- und Fliehkräften … Das ist nicht nur spannend und aufregend, hier kann Jonas auch sich und seine Beziehung zur Welt erleben und sie dabei sogar noch verändern: Er macht Erfahrungen, erlebt sich aber zugleich auch als Verursacher von Veränderungen.

Vertrauen in die eigenen Fähigkeiten gewinnen

Durch und in Bewegung erprobt das Kind nicht nur seinen Körper, es erfährt auch etwas über die eigene Person. Es erwirbt Vertrauen in die eigenen Fähigkeiten, macht die Erfahrung von Können und Nicht-Können, von Erfolg und Misserfolg, von der eigenen Leistungsfähigkeit und ihren Grenzen.

Diese wichtigen Prozesse werden gerade in den ersten Lebensjahren geprägt von der Art und Weise, wie das Kind sich in seiner Körperlichkeit erlebt. Über die Erfahrungen, die es mit seinem Körper macht, entwickelt es ein Bild von den eigenen Fähigkeiten, es erhält eine Vorstellung von seinem „Selbst".

Auch aus der Beobachtung der Wirkung des eigenen Verhaltens kann das Kind Rückschlüsse auf seine Person ziehen. Gerade in Bewegungshandlungen erleben Kinder, dass sie Ursache bestimmter Wirkungen sind. Im Umgang mit Dingen, Spielsituationen und Bewegungsaufgaben rufen sie einen Effekt hervor und führen diesen auf sich selbst zurück.

Das Handlungsergebnis verbinden sie mit dem eigenen Können – so entsteht ein erstes Konzept eigener Fähigkeiten. Sie erfahren im Experimentieren und Ausprobieren: „Ich habe mit dem Ball das Tor getroffen, ich kann etwas." Dieses Gefühl ist die Basis für das Selbstvertrauen bei künftigen Leistungsanforderungen.

Für Eltern ist es wichtig, dass sie bei Bewegungsspielen ihren Kindern auch dann, wenn diese vielleicht ängstlich und zurückhaltend erscheinen, bewusst machen, was sie geschafft haben. Positive Bewegungserfahrungen, das Erleben der eigenen Wirksamkeit können dazu beitragen, dass die Kinder ein realistisches, aber leistungszuversichtliches Selbstbild aufbauen. So entwickeln sie die Voraussetzungen für Selbstvertrauen und Selbstbewusstsein.

MOTORISCHE FÄHIGKEITEN ENTSTEHEN DURCH BEANSPRUCHUNG

Bei einem Fangspiel die flüchtenden Mitspieler erreichen oder dem Fänger ausweichen, eine Treppe mit vielen Stufen hochsteigen, auf einem Bein balancieren, einen schweren Kasten wegschieben, beim Seilspringen den richtigen Rhythmus finden und mehrere Sprünge hintereinander ausführen können – um diese Aufgaben zu bewältigen, brauchen Kinder Ausdauer, Kraft, Koordination und Gleichgewicht. Diese sogenannten motorischen Fähigkeiten sind die Voraussetzung für jede motorische Leistung. Sie reifen nicht von alleine und ohne Zutun heran, sondern entwickeln sich vor allem durch ihre Beanspruchung, indem sie bereits im Kindesalter durch vielfältige Bewegungsspielformen geübt, herausgefordert und „trainiert" werden. Ein solches Training erfolgt im Kindesalter jedoch einzig und allein im Spiel.

Kinder genießen dabei auch das Gefühl von Erschöpfung und Ermüdung nach einem anstrengenden Fangspiel, von Entspannung und Gelöstheit nach einer rasanten Fahrt auf dem Roller. Sie spüren die Belastbarkeit des Körpers, die Fähigkeit des Organismus, sich zu erholen und nach kurzer Pause wieder einsatzfähig zu sein. Auch durch die Wahrnehmung der physiologischen Reaktionen des Körpers – Schwitzen und Atemnot – gewinnen sie ein Gefühl für den eigenen Körper, für seine Bedürfnisse und Signale.

Beim Laufen, Rennen, Klettern, Springen, Kriechen, Rutschen, Hüpfen, Gleiten, Hängen und Schaukeln erleben Kinder die Vielfalt ihrer Bewegungsmöglichkeiten. Diese bilden die Voraussetzung für die Ausbildung von Lebensgewohnheiten, die dazu beitragen können, einem bewegungsarmen Alltag entgegenzuwirken. Damit wird nicht zuletzt den heute bereits im Kindesalter dramatisch zunehmenden Bewegungsmangelerkrankungen, wie z.B. Übergewicht und Haltungsproblemen, vorgebeugt.

REGELN DES ZUSAMMENSPIELS KENNEN LERNEN

Am meisten Spaß machen Bewegungsspiele, wenn sie in der Gruppe stattfinden. Ob mit anderen Kindern oder den Eltern – gemeinsam kann man Fangen, Suchen und Verstecken spielen, Geschicklichkeits- oder Wettspiele durchführen. Immer ist es dabei erforderlich, sich mit den Spielpartnern abzusprechen, sich auf ein Spielthema oder einen Spielinhalt zu einigen.

Konkrete, im Spiel auftauchende Probleme sind dabei oft der Anlass zum Einüben von Grundregeln des Sozialverhaltens: Konflikte lösen, verschiedene Rollen übernehmen, Spielregeln aushandeln und anerkennen. So lernen Kinder, sowohl mit- als auch gegeneinander zu spielen, nachzugeben und sich durchzusetzen, auf schwächere Mitspieler Rücksicht zu nehmen oder auch stärkere anzuerkennen. Sie lernen, ein Spiel zu verlieren, ohne sich deshalb gleich als Versager zu fühlen.

Bewegungsspiele bilden also ein hervorragendes Übungs- und Trainingsfeld für das Sozialverhalten, für die Einsicht in die Notwendigkeit sozialer Regeln und für gegenseitige Rücksichtnahme.

 **Fazit:** Bewegungshandlungen liefern die Basis für Erkenntnisse, sie stellen die Grundlage des Lernens dar und regen die geistige Entwicklung an. Sie vermitteln grundlegende soziale Erfahrungen und unterstützen das Vertrauen in die eigenen Fähigkeiten.

Deshalb sind Bewegungserfahrungen auch eine sehr gute Vorbereitung auf das, was in der Schule an Anforderungen auf Ihr Kind zukommt. Sie machen „Fit für die Schule", nicht nur körperlich, sondern auch geistig und sozial.

Bewegung und Lernen – was Sie wissen sollten

Bewegung ist wichtig für die körperliche Entwicklung, für den Aufbau der Muskulatur, der Sehnen und Gelenke, aber auch für die Entwicklung des Gehirns.

LERNEN BRAUCHT BEWEGUNG

In keinem Lebensalter wenden sich Kinder mit solch großer Begeisterung und so viel Neugierde ihrer Umwelt zu wie in den ersten sechs Lebensjahren. Nie wieder lernen sie so viel, eignen sich so viele neue Erkenntnisse an und stellen so viele Fragen.

Dabei muss man aber bedenken, dass gerade in diesem Lebensalter alles Lernen vor allem über Wahrnehmung und Bewegung, über konkretes Handeln und über den Einsatz aller Sinne geschieht. So ist z.B. die Entwicklung der Sprache eng mit Wahrnehmungsprozessen verbunden. Um die feinmotorischen Anforderungen beim Schreibenlernen bewältigen zu können, muss die Auge-Hand-Koordination ausgebildet sein. Und die Bedeutung von Buchstaben kann ein Kind nur dann erkennen, wenn es ihre Lage im Raum einordnen kann. Diese Fähigkeit zur Raum-Lage-Wahrnehmung entwickelt sich ebenfalls zunächst über den Körper und die Bewegung.

BEWEGUNG AKTIVIERT DIE GEHIRNTÄTIGKEIT

Vielleicht haben Sie schon einmal ähnliche Erfahrungen gemacht: Sie wollen einen Brief schreiben, setzen sich an den Schreibtisch, aber Ihnen fällt einfach nichts ein. Sie quälen sich mit dem leeren weißen Blatt, bis Sie aufgeben, aufstehen und sich entschließen, erst einmal einen Spaziergang zu machen. Und da – während des Gehens – kommen Ihnen die besten Gedanken, Formulierungen, Ideen.

Bewegung aktiviert die motorischen Zentren des Gehirns; diese spielen eine wesentliche Rolle bei der Verarbeitung von Informationen, beim Lernen und bei der Speicherung von Inhalten. Die Gedächtnispsychologie hat nachgewiesen, dass Wörter, Zahlen und Inhalte leichter behalten werden können, wenn sie durch Gesten, rhythmische Bewegung und sprachliche Wiederholungen begleitet werden.

WIE KINDER LERNEN

Kinder lernen vor allem dann, wenn sie etwas selbst tun bzw. ausprobieren können, wenn sie alle ihre Sinne – das Sehen und Hören, das Tasten und Greifen, den Bewegungs- und den Gleichgewichtssinn und vielleicht sogar ihren Geschmacks- und Geruchssinn – einsetzen können.

Die Sinne funktionieren wie Antennen, mit deren Hilfe das Kind Informationen aufnimmt und verarbeitet. Aus der Vielfalt der Erfahrungen, die ein Kind täglich macht, wählt es die aus, die ihm wichtig erscheinen; es speichert sie, ordnet sie ein, erinnert sich an sie und greift auf sie zurück, wenn ihm etwas Neues begegnet.

Beim Lernen sind also immer Wahrnehmen und Empfinden, Fühlen, Handeln und Denken beteiligt; je mehr all diese Bereiche beim Lernprozess berücksichtigt werden, umso nachhaltiger lernt das Kind. Mit anderen Worten: Wissen kann umso besser und langfristiger gespeichert werden, je mehr Kanäle für die Wahrnehmung genutzt werden.

ENTWICKLUNG DES GEHIRNS

Die Hirnforschung hat herausgefunden, dass die Entwicklung des menschlichen Gehirns wesentlich von den Erfahrungen abhängt, die ein Kind in seinen ersten Lebensjahren über Wahrnehmung und Bewegung macht.

Wenn Kinder etwas Neues lernen, wenn sie neue Erfahrungen machen, werden ihre Nervenzellen aktiviert, und es kommt zu neuen Verschaltungen, es bilden sich sogenannte Synapsen heraus, Verknüpfungen der Nervenzellen untereinander, über die

Informationen von einer Nervenzelle zur anderen weitervermittelt und damit verarbeitet werden können.

Aus anfänglich noch sehr schmalen Verbindungswegen werden durch häufige Wiederholungen mit der Zeit breitere „Straßen". Je verzweigter diese Straßen sind, umso besser können Informationen verarbeitet werden und umso schneller kann ein Kind auch in späteren Jahren auf Erfahrungen und Erlerntes zurückgreifen, kann Beziehungen zwischen Sachverhalten herstellen und Neues mit Bekanntem verbinden, auf Strategien zur Lösung von Problemen zurückgreifen und auf neue Anforderungen leichter und angemessener reagieren.

BEWEGUNG UNTERSTÜTZT DIE BILDUNG VON NETZWERKEN IM GEHIRN

Bewegungsaktivitäten unterstützen diesen Prozess der Verschaltungen; die Nervenzellen werden durch Sinneswahrnehmung aktiviert, mit anderen Nervenzellen Verbindungen herzustellen. Allerdings müssen die einmal gebahnten Wege regelmäßig benutzt werden, sonst gehen sie wieder verloren. Im Vorschulalter ist die Anzahl der Synapsen so groß wie niemals wieder im ganzen Leben, denn danach wer-

den diejenigen Nervenkontakte langsam wieder zu-
rückgebildet, die nicht gebraucht, also nicht benutzt
werden.

Zunächst steht den Menschen ein überreiches An-
gebot an Vernetzungen im Gehirn zur Verfügung.
Mit der Zeit werden dann diejenigen Verschaltungs-
muster stabilisiert und weiter ausgebaut, die regelmäßig aktiviert werden; die anderen Verknüpfungen
gehen wieder verloren. Vom ersten Lebenstag an
findet Lernen demnach durch Nutzung und regel-
mäßige Übung der schließlich immer koordinierte-
ren Bewegungsabläufe und immer differenzierteren
Sinneswahrnehmungen statt.

Im Gegensatz zu den Tieren, die eher instinktge-
steuert handeln, muss ein Menschenkind fast alles,
was es für sein Leben braucht, durch eigene Erfahrungen lernen. Diese Erfahrungen gewinnt es
z.B. bei Anforderungen, auf die es trifft und die es
mit eigenen – körperlichen oder geistigen Mitteln –
zu bewältigen versucht. Es bildet Strategien, die
sich später auf andere Situationen übertragen lassen.

Während der ersten zwölf Lebensjahre ist das Gehirn
ganz besonders aufnahme- und lernfähig. Allerdings
hört es auch danach nicht mit dem Lernen auf; bis ins

hohe Alter können neue Verbindungen aufgebaut werden, es wird jedoch nie mehr so leicht fallen wie in der Zeit der frühen Kindheit.

VERTRAUEN IN DIE EIGENEN FÄHIGKEITEN

Die beschriebenen Entwicklungsprozesse führen einerseits zu geistigen Einsichten und Erkenntnissen, andererseits bildet sich aber auch Vertrauen in die eigenen Fähigkeiten heraus. Das Kind erlebt: „Ich schaffe es, und wenn ich es nicht beim ersten Mal kann, dann muss ich es eben noch einmal versuchen."

Etwas aus eigener Anstrengung und mit eigener Kraft geschafft zu haben, macht Mut, auch bei künftigen Anforderungen nicht gleich aufzugeben, selbst wenn sich Schwierigkeiten einstellen. So werden das Selbstvertrauen und das Selbstwertgefühl eines Kindes gestärkt. Das sind ganz wichtige Erfahrungen, die die Basis für das Lernen und Leben in der Schule bilden.

KONDITIONELLE UND KOORDINATIVE FÄHIGKEITEN

Die motorischen Fähigkeiten können unterteilt werden in konditionelle und koordinative Fähigkeiten. Zu den konditionellen Fähigkeiten, die vor allem mit der Entwicklung des Herz-Kreislaufsystems und der Muskulatur zusammenhängen, zählen Ausdauer, Kraft und Schnelligkeit. Davon unterscheiden kann man die koordinativen Fähigkeiten, die mit der Bewegungssteuerung zusammenhängen und auf der Entwicklung des Zentralnervensystems aufbauen.

Konditionelle Fähigkeiten

Ausdauer
Unter Ausdauer wird die Widerstandsfähigkeit des Organismus gegen Ermüdung bei länger anhaltenden Belastungen verstanden. Sie ermöglicht, dass eine gewählte Bewegungsintensität möglichst lange aufrechterhalten werden kann und dass man sich nach einer Belastung schnell wieder erholt.

Ausdauer können Kinder nur entwickeln, wenn sie täglich Gelegenheit haben, ihr Herz-Kreislaufsystem zu belasten. Dies geschieht natürlich nicht in Form eines gezielten Trainings wie bei Erwachsenen, sondern im Zusammenhang mit bewegungsreichen

Spielen, bei denen die Kinder die Grenzen ihrer Belastung selbst bestimmen können. Ist ihre Ausdauerfähigkeit nur gering ausgeprägt, ermüden sie sehr schnell und erholen sich nach einer anstrengenden Tätigkeit nur langsam.

Kraft

Unter Kraft wird die Fähigkeit der Muskulatur verstanden, sich gegen einen Widerstand zusammenzuziehen, Spannung aufzubauen oder einem Widerstand entgegenzuwirken. So ist z. B. das Klettern eine Widerstandsübung der Muskulatur gegen die Schwerkraft. Eine gut ausgebildete Muskulatur hilft, Haltungsschäden bei Kindern vorzubeugen.

Zwar ist die Muskulatur bei jüngeren Kindern noch schwach ausgebildet; im Kindesalter wird man auch nicht von einem „Krafttraining" sprechen können. Allerdings sind Kräftigungsübungen durchaus auch in den selbst gewählten Spielen der Kinder enthalten: sich in Bauchlage über eine Langbank ziehen, klettern, hängen und stützen, einen Kasten schieben oder Tauziehen tragen zur Stärkung der Muskelkraft bei und lassen ein Gefühl für die bewusste Anspannung der Muskulatur entstehen.

Kraftspiele in Form von Ringen und Raufen (unter Beachtung bestimmter, vorher abgesprochener Regeln) sind bei älteren Kindern und vor allem bei Jungen sehr beliebt, sie können auch zur besseren Einschätzung und Dosierung der eigenen Kraft beitragen.

Schnelligkeit

Schnelligkeit ist die Fähigkeit, Bewegungen unter unterschiedlichen Bedingungen mit hoher Geschwindigkeit auszuführen. Die Bewegungsschnelligkeit üben Kinder bei allen Nachlaufspielen, beim Laufen „um die Wette" oder durch Spiele, bei denen sie sich selbst das Ziel setzen, „etwas möglichst schnell" zu tun (sich schnell drehen oder „rennen wie ein Düsenjäger").

Koordinative Fähigkeiten

Beweglichkeit

Die Beweglichkeit ist abhängig von der Dehnfähigkeit der Muskulatur, der Sehnen und Bänder. Sie ist in der frühen Kindheit aufgrund der Elastizität des Bewegungsapparates besonders groß.

Spezielle Übungen zum Verbessern der Beweglichkeit bei Kindern sind nicht nötig. Es gilt vielmehr, ihre Beweglichkeit und Gelenkigkeit zu erhalten, indem man ihnen Möglichkeiten zum vielseitigen Bewegen z.B. an und mit Geräten, beim Klettern oder Balancieren bietet.

Koordination

Unter Bewegungskoordination versteht man die Steuerung von Teilbewegungen durch das Nervensystem und die Muskulatur. Die Koordination einer Bewegung ist unter anderem davon abhängig, inwieweit das Kind Informationen aus der Umwelt oder dem eigenen Körper aufnehmen, verarbeiten und entsprechend den jeweiligen Anforderungen darauf reagieren kann.

FÖRDERUNG DER MOTORISCHEN FÄHIGKEITEN

Die Entwicklung der motorischen Fähigkeiten eines Kindes wird in hohem Maße durch seine eigene Aktivität beeinflusst. Allerdings ist vor dem Schulalter ein gezieltes Training der motorischen Fähigkeiten wenig sinnvoll. Viel wirkungsvoller sind natürliche Anreize durch bewegungsreiche Spiele.

Die Bewältigung des eigenen Körpergewichtes durch Hangeln, Ziehen, Klettern, Kriechen, Stützen, Schlängeln etc. ist ausreichend für eine Förderung der Kraft und Beweglichkeit. Bei einer vielseitigen körperlichen Beanspruchung werden auch die Dehnungsfähigkeit der Muskulatur und die Beweglichkeit der Gelenke unterstützt.

Was Ihr Kind in welchem Alter können sollte

In den Jahren vor dem Schuleintritt macht Ihr Kind große Entwicklungsfortschritte in seiner Bewegungsfähigkeit. Zwar kann man nicht von festen Etappen in der Bewegungsentwicklung sprechen, und es ist nicht ganz einfach anzugeben, was ein Kind in welchem Alter können sollte. Jedes Kind hat ein unterschiedliches Lerntempo, und so sind auch die Entwicklungsschritte unterschiedlich und hängen von vielen Faktoren ab. Nachstehend folgt eine grobe Auflistung einiger Bewegungsformen, die die meisten Kinder in der angegebenen Altersstufe erlernen.

1. Lebensjahr:	krabbeln, robben, greifen, sich drehen
2. Lebensjahr:	aufrichten, stehen, gehen, wälzen, rollen, einen Ball ungezielt wegwerfen
3. Lebensjahr:	laufen, einen (großen) Ball mit beiden Händen werfen, mit beiden Füßen springen, klettern, herabspringen, balancieren auf ca. 20 cm breiten Gegenständen, kurzzeitig auf einem Bein stehen
4. Lebensjahr:	mit dem Ball auf ein Ziel werfen (ca. 2 Meter entfernt), einen Ball fangen (mit Körperhilfe), auf einem Bein stehen (ca. 3–4 Sekunden), Purzelbaum, Laufrad fahren

5. Lebensjahr:	mit dem Ball auf ein entfernteres Ziel werfen, einen Ball mit beiden Händen fangen (ohne Körperhilfe), balancieren auf ca. 10 Zentimeter breitem, höherem Balken
6. Lebensjahr:	freies Fangen eines Balls, auf einem Bein über ein Hindernis hüpfen, balancieren rückwärts, Laufen und Springen kombinieren, Hopserlauf, Fahrrad fahren, Balance auf einem Bein halten (ca. 10 Sekunden)

Fazit: In den ersten Lebensjahren entwickelt sich das Gehirn entsprechend den Anregungen und Stimulationen, die es erhält. Damit bildet es so etwas wie ein Gerüst, an dem spätere Erfahrungen festgemacht werden können.

Die Struktur des Gehirns formt sich also in den ersten Lebensjahren – und zwar in Abhängigkeit von seiner Nutzung – aus. Es reagiert dabei auf die Anforderungen, die sich im Lebensalltag bieten.

Ebenso übungsabhängig sind die motorischen Fähigkeiten eines Kindes. Nur wenn es jeden Tag ausreichend Zeit und Gelegenheit hat, sich zu bewegen, können sich Gleichgewicht, Koordination, Kraft und Ausdauer entwickeln.

Wie kann ich die Bewegungsentwicklung meines Kindes fördern? Praktische Ideen und Spiele

Bewegung und Spiel sind für Kinder noch ein und dieselbe Sache. Deshalb sollten Sie als Eltern die Möglichkeit nutzen, Ihr Kind spielerisch zu fördern. Entdecken Sie gemeinsam die Lust an Bewegung.

Bewegungsanregungen erweitern die Fantasie und den Ideenreichtum der Kinder. Machen Sie Ihr Kind auf Bewegungsmöglichkeiten aufmerksam oder ermuntern Sie es zu Bewegungsaktivitäten! Nicht alle Kinder sind von sich aus aktiv, manche bedürfen auch der Anregung von außen. Die beste Ermunterung dabei ist Ihre eigene Bereitschaft mitzumachen.

Für Kinder gibt es überall Bewegungsanlässe. Das Muster auf dem Gehweg lädt zum Hüpfen ein, der am Boden liegende Baumstamm zum Balancieren, die abschüssige Wiese zum Purzeln und Rollen. Machen Sie mit bei diesen kleinen, kurzweiligen Bewegungsspielen! Lassen Sie sich von Ihrem Kind verführen! Und erweitern Sie unter Umständen seine Spielideen.

BEWEGTER ALLTAG

Klara nörgelt: „Wann spielst du endlich mit mir?" „Ich muss eben noch die Waschmaschine ausräumen und die Wäsche aufhängen", meint die Mutter. „Immer diese Wäsche", denkt Klara, „nie haben die Erwachsenen Zeit zum Spielen." Aber dann begleitet sie die Mutter zum Wäscheständer auf dem Balkon. Da ist ja mein Strumpf", ruft sie, „aber wo ist denn sein Bruder, der andere rote Strumpf?" Stattdessen findet sie ein T-Shirt ihres Bruders.

Alltagsbeschäftigungen wie etwa Wäsche aufhängen sind für die meisten Erwachsenen eine ebenso notwendige wie langweilige, ungeliebte Tätigkeit. Wenn Sie es einmal von seinem Nutzen befreit sehen, kann das Sortieren und Aufhängen von Wäsche gemeinsam mit Kindern aber auch zum lustigen **„Sockenschwestersuche"**-Spiel werden:

Wie kann man die Wäsche sortieren? Lassen Sie Ihr Kind eigene Ordnungskategorien finden: alle roten und alle grünen Sachen, alle Strümpfe, alle Hemden etc. Immer zwei von einer Sorte finden: Wo ist die Sockenschwester, der Strumpfbruder? Die Suche geht so lange, bis einige Sachen übrig bleiben, die keine „Schwester" bzw. keinen „Bruder" haben.

Es gibt noch viele andere Sortierregeln: lange Sachen, kurze Sachen; alles, was zu einer Person gehört … Welche Regel findet Ihr Kind selbst?

Auch alltägliche Bewegungsabläufe lassen sich zu Spielen umfunktionieren. So kann man das Treppensteigen mit Sprüngen verbinden, von Stufe zu Stufe, hinauf wie hinunter – das ist zwar anstrengend, ersetzt aber vielleicht sogar den Gang ins Fitness-Studio, wenn man es täglich und lange genug macht! Für Kinder ist es auf jeden Fall ein Vergnügen, ihre Kräfte mit denen der Eltern zu messen. Wer schafft es, fünf Stufen nacheinander zu springen, sechs Stufen, sogar zehn Stufen?

ANFORDERUNGEN UND MÖGLICHKEITEN

Problemlösestrategien und Selbstvertrauen bilden sich nur aus, wenn die an Ihr Kind gestellten Anforderungen seinen jeweiligen Möglichkeiten entsprechen. Sie dürfen nicht zu leicht sein, sonst verliert Ihr Kind schnell das Interesse, es langweilt sich. Die Anforderungen dürfen aber auch nicht zu hoch sein, sonst fühlt es sich überfordert, bekommt Angst zu versagen, wendet sich ab.

Was das richtige Anforderungsniveau ist, kann ein Kind am besten selbst entscheiden, indem es im Spiel auf verschiedene Schwierigkeitsstufen trifft und aus diesen selbst auswählen kann.

WIE KÖNNEN SIE ALS ELTERN DIE BEWEGUNGS-ENTWICKLUNG IHRES KINDES FÖRDERN?

Eltern können viel dazu beitragen, dass Kinder auch in einer zunehmend technisierten und motorisierten Umwelt Bewegungsgelegenheiten finden. Einerseits ist es wichtig, Kinder einfach machen zu lassen, wenn sie Mauern und Treppen als Kletter- und Balanciergeräte entdecken und sich daran erproben. Nur bei nicht absehbaren Gefahren sollte hier eingegriffen werden. Andererseits ist es aber auch wichtig, Kindern Bewegungsmöglichkeiten und damit sinnvolle Alternativen zur allgegenwärtigen Verführungsmacht der Medien aufzuzeigen.

So spielen Jonas und sein Vater jeden Abend – zur besten Fernsehzeit – im langen Flur der Wohnung **Kochlöffelhockey**. Hier ist die durch die Zimmerwände eingegrenzte Spielfläche sogar ganz günstig, weil der Ball nicht weit wegrollen kann.

Am Ende des Flurs wird jeweils ein Karton als Tor aufgestellt. Jonas hat einen Kochlöffel als Hockeyschläger, der Vater benutzt einen umgedrehten Regenschirm (damit er sich nicht zu sehr bücken muss). Ein Tennisball wird mit den Schlägern über den Boden geführt, wobei jeder versucht, den Ball in sein Tor zu befördern.

Manchmal denken sich die beiden auch neue Regeln für das Spiel aus: Statt des Kochlöffels gibt es eine Fliegenklatsche und statt des Balls einen Luftballon – und schon wird daraus ein Fliegenklatschen-Federballspiel.

KOSTENLOSER SPIELSPASS

Draußen im Hof oder auf einer Wiese Ballspiele machen, gemeinsam seilspringen oder Versteck- und Fangspiele ausprobieren, ist für Kinder heute eine Seltenheit und tut auch Erwachsenen gut. Solche Bewegungsspiele kosten nichts und benötigen kaum Vorbereitung, aber sie geben Kindern ein hohes Maß an Spielvergnügen und schaffen eine Fülle von Lerngelegenheiten – für den Körper und für den Geist!

SICH ANSTRENGEN MACHT FREUDE!

Anstrengung ist für Kinder keine Last, sondern ein Zeichen höchster Motivation. Wie viele Male wiederholen sie die gleiche Bewegung, das gleiche Spiel, wenn sie es sich in den Kopf gesetzt haben, etwas zu beherrschen? Keine Mauer ist so hoch, dass sie nicht versuchten hinaufzukommen, kein Graben zu breit, um ihn nicht im Sprung zu überqueren. Und wenn man mittendrin landet – auch kein Problem! Dann versucht man es einfach noch mal, so lange, bis es gelingt, oder man sucht sich eben einen schmaleren Graben.

Diese Lust an der Anstrengung, am Wagnis, am Austesten der eigenen Grenzen gilt es zu erhalten – bei manchen Kindern muss man sie auch erst wieder wecken. Voraussetzung dafür sind nicht nur mitreißende Bewegungsideen, sondern vor allem auch verständnisvolle, motivierende Mitspieler: Erwachsene, die die Ängste verstehen, aber auch Mut machen, sie zu überwinden (oder einen schmaleren Graben zu finden), die begeistern können, aber auch ein Zögern von Seiten des Kindes akzeptieren.

AHA, SO GEHT DAS! URSACHE UND WIRKUNG ERLEBEN

Im Umgang mit Geräten und Materialien, z.B. mit einem Ball, erproben Kinder ihre Kräfte, sie können etwas „bewegen", etwas verändern und machen so die Erfahrung, dass sie selbst Einfluss auf ihre Umwelt nehmen, etwas bewirken können.

Einen Ball auf ein Ziel werfen, in ein Tor schießen, mit dem Ball einen Gegenstand treffen, Werfen und Fangen – so wird die Auge-Hand-Koordination trainiert und gleichzeitig das Gefühl von Ursache und Wirkung erlebt. Den Ball an die Wand werfen und ihn wieder auffangen, ihn in verschiedenen Positionen zu fangen versuchen ist die Grundlage für viele Fertigkeiten.

Zielwerfen

Hängen Sie an einer Wäscheleine (oder einer im Raum gespannten Schnur) Zeitungsblätter auf (z.B. mit Wäscheklammern). Versuchen Sie nun gemeinsam, mit Bällen (Tennisbällen, Softbällen) aus selbst gewählter Entfernung die Zeitungen zu treffen. Vielleicht gelingt es Ihnen sogar, mit dem Ball ein Loch durch die Zeitungsblätter zu werfen.

 ### Dosen abtreffen

Das beliebte Jahrmarktspiel können Sie auch zu Hause durchführen: Mehrere Dosen oder Plastikflaschen werden auf einem Tisch oder draußen auf einer Mauer aufgestellt. Davor wird mit einem Seil ein Mindestabstand markiert, hinter dem die Dosenwerfer stehen bleiben müssen.

Lassen Sie Ihr Kind selbst abschätzen, aus welcher Entfernung es die Dosen mit einem Ball abzutreffen versucht. Dieses Spiel unterstützt auch die Fähigkeiten, ein Ziel genau einzuschätzen und die Bewegung zu steuern (Auge-Hand-Koordination).

 ### Ball treiben

Für dieses Spiel brauchen Sie einen möglichst dicken Ball und mehrere kleinere Bälle. Der dicke Ball liegt in der Mitte des Spielfeldes (Wiese oder Hof). Jeder Mitspieler bekommt einen kleinen Ball, mit dem er versucht, den großen zu treffen. Wer schafft es, den dicken Ball ins Rollen zu bringen? Zwei Gruppen können auch versuchen, sich den Ball gegenseitig zuzutreiben.

 ## Kuscheltierschleuder

Halten Sie ein großes Tuch (Bettlaken o.Ä.) gemeinsam mit Ihrem Kind jeweils an zwei Ecken fest. Wenn beide gleichzeitig an den Enden des Tuches ziehen, kann man einen darauf liegenden Gegenstand (z.B. einen Ball) hochschleudern. Ihr Kind darf ein Kuscheltier aussuchen, das nun in das Schleudertuch kommt.

 ## Wattebauschpusten

Auf einem Tisch liegen mehrere kleine Wattebäusche (Kosmetikwatte). Die Wattebäusche sollen nun durch Pusten von einem zum anderen Mitspieler quer über den Tisch befördert werden. Um zu verhindern, dass ein Wattebausch vom Tisch fällt, dürfen kleine Kinder auch ihre Hände einsetzen.

Der Schwierigkeitsgrad des Spiels wird deutlich erhöht, wenn statt eines Wattebausches ein Tischtennisball durch Pusten über den Tisch befördert werden soll! Auch hier dürfen kleine Kinder ihre Hände benutzen, weil der Ball sehr schnell werden kann.

NOCH MEHR SPIEL- UND BEWEGUNGSIDEEN

Spiele zur Förderung des Gleichgewichts

Im Gleichgewicht sein, die Balance halten, das gehört zu den Herausforderungen, die sich Kinder oft selbst stellen. Für ein gutes Körpergefühl und die Bewegungssicherheit ist ein gut ausgebildeter Gleichgewichtssinn unerlässlich. Dabei kann das Kind sich selbst im Gleichgewicht halten – auf wackligem, labilem Untergrund, auf einer erhöhten oder schmalen Unterstützungsfläche –, oder es kann versuchen, einen Gegenstand zu balancieren.

Gehen Sie bei Besorgungen oder Spaziergängen mit Ihrem Kind auf dessen Balancierspiele ein: auf einem Bein von einer Bodenmarkierung zur nächsten hüpfen, über eine schmale Mauer gehen, auf einem Kreidestrich oder der Bordsteinkante balancieren. Achten Sie auf Gefahren, die das Kind nicht einschätzen kann, aber lassen Sie es auch selbst kleine Risiken bewältigen.

Überschwemmung

Die Waschmaschine ist ausgelaufen und hat die Wohnung unter Wasser gesetzt ... Jedes Familienmitglied kann sich nur noch trockenen Fußes durch die Wohnung bewegen, wenn es sich auf Bierdeckeln (etwa zehn Stück pro Mitspieler) fortbewegt. Schaffen es alle, trocken ins Bad zu gelangen oder in die Küche? Man kann sich auch gegenseitig mit den Bierdeckeln aushelfen.

Bohnermaschinen

Heute soll die Wohnung geputzt und gebohnert werden. Dafür brauchen Sie mehrere Staub- oder Wischtücher. Alle Mitspieler erhalten zwei Tücher, auf denen sie durch den Raum rutschen. Sie spielen Bohnermaschinen, die den Boden säubern und zum Glänzen bringen sollen. Es können auch zwei Bohnermaschinen zusammenkommen und zu zweit auf drei Tüchern rutschen (mit zwei Füßen auf dem mittleren Tuch und mit jeweils einem Fuß auf den äußeren Tüchern stehen).

Sumpfüberquerung

Alte Kissen sind eine gute Ausrüstung, um einen Sumpf zu durchqueren. Niemals darf man auf den

Boden treten, sonst sinkt man in den Sumpf ein! Mit den Kissen kann man sich kleine Rettungsinseln schaffen, über die man balancieren oder auf denen man sich ausruhen kann. Jeder Mitspieler erhält zwei „Sumpfkissen" und versucht, auf ihnen voranzukommen.

 Heiße Klöße

Spielen Sie mit Ihrem Kind ein Rollenspiel: Sie sind in einem Restaurant, ein Gast hat gerade Klöße bestellt. Diese sind noch ganz heiß und sollen vom Kellner zum Tisch des Gasts gebracht werden. Für den Transport der Klöße (Tennisbälle) nimmt der Kellner einen Joghurtbecher. Auf dem Weg zu seinem Ziel muss der Kellner aber einige Hindernisse übersteigen. Schafft er es, die heißen Klöße dabei nicht zu verlieren?

Spiele zur Förderung der Koordination und Bewegungssteuerung

Um Bewegungen steuern zu können, müssen Muskeln, Nerven und Sehnen gut zusammenarbeiten. Teilbewegungen müssen aufeinander abgestimmt werden, damit sie flüssig und harmonisch sind. Für das Fangen eines Balls ebenso wie für das Schreibenlernen ist z.B. eine gute Auge-Hand-Koordination notwendig. Diese kann in Spielsituationen, in denen

Bewegungen zielgerichtet und möglichst genau aus-
geführt werden müssen, geübt werden.

Ballonhockey

Mehrere Zeitungsblätter werden übereinander gelegt und zu Stäben gerollt. Sie stellen Hockeyschläger
dar, mit denen ein Luftballon über den Boden gerollt
werden kann. An mehreren Stellen im Raum befinden sich aufrecht stehende Kartons. Sie dienen als
Tore, in die die Ballons getrieben werden.

Fliegenklatschen-Federball

Jedes Familienmitglied hat eine Fliegenklatsche, mit
der es einen Luftballon hochspielt. Schafft es jeder,
alle Zimmer der Wohnung zu betreten, ohne den
Luftballon zu verlieren? Kann Papa über den Sessel
klettern, ohne dass der Luftballon auf den Boden
fällt? Wer kann sich dabei auf dem Bauch fortbewe-
gen? Eltern und Kinder können sich den Ballon auch
gegenseitig zuspielen.

Zielwerfen mit Zeitungsbällen

Zeitungsblätter werden zu Bällen geformt und mit
Klebestreifen leicht umwickelt, damit sie nicht bei
jedem Wurf auseinanderfallen. Der Zeitungsball ist

leicht und ungefährlich, von ihm getroffen zu werden, tut nicht weh, deshalb können mit ihm gut Abwurfspiele gespielt werden (z.B. Jägerball). Da hier die Zielobjekte aber immer in Bewegung sind und nur schwer abgetroffen werden können, sind feststehende Ziele zum Trainieren des Werfens besser geeignet. So können z.B. Reifen an die Decke gehängt oder es kann in der Mitte des Zimmers ein Korb aufgestellt werden.

Seilspringen

Seilspringen ist für Kinder im Kindergartenalter meist noch sehr schwer. Sie verfügen oft noch nicht über die koordinativen Voraussetzungen, um das Springen und Schwingen aufeinander abstimmen zu können. Deshalb sind mit dem Seil zunächst einmal Gruppenspiele sinnvoll, die die Einstellung der eigenen Bewegung auf das schwingende Seil ermöglichen. Darauf kann dann später das selbstständige Seilspringen aufbauen.

 Durch das schwingende Seil laufen

Binden Sie ein langes Seil an eine Zaunlatte oder einen Baum, und schwingen Sie es in einem großen Kreis. Ihr Kind darf durch das Seil hindurchlaufen. An welcher Stelle muss es stehen, damit es, ohne das Seil zu berühren, auf die andere Seite kommt? (Das Seil

muss dabei auf das Kind zugeschwungen werden).
Beim nächsten Durchgang können mehrere Kinder
gleichzeitig durch das Seil laufen.

 ## Über das schwingende Seil springen

Das Seil wird hin und her geschwungen, die Kinder
stehen in einer Reihe daneben und versuchen, über
das Seil zu springen, wenn es auf sie zukommt.

 ## Zauberschlange

Halten Sie das Seil an einem Ende in der Hand und
bewegen Sie es auf dem Boden ganz schnell hin und
her. Es sieht jetzt aus wie eine Schlange, die sich auf-
bäumt und schnell hin und her schlängelt. Die
Schlange kann besiegt werden, wenn der Spielpart-
ner es schafft, mit dem Fuß daraufzutreten. Anschließend werden die Rollen gewechselt, und das Kind
bringt die schnelle Schlange in Bewegung.

 ## Tanzende Tücher

Jeder Mitspieler bekommt ein Chiffontuch und probiert aus, wie er das Tuch zum Schweben und Fliegen
bringen kann. Man kann das Tuch hochwerfen und
mit den Händen auffangen, man kann es aber auch
mit anderen Körperteilen zu fangen versuchen.

Versuchen Sie zusammen mit Ihrem Kind, das Tuch so hoch zu werfen, dass es nur ganz langsam wieder auf die Erde sinkt. Vielleicht haben Sie so viel Zeit, dass Sie sich einmal drehen können, bevor Sie das Tuch auffangen.

Spiele zur Förderung der Raumorientierung und Raumwahrnehmung

Ausgangspunkt für die Raumwahrnehmung ist der eigene Körper. Gegenstände im Raum lokalisiert das Kind zunächst in Bezug auf sich selbst: Durch die Einordnung ihrer Lage im Raum entstehen Begriffe wie „vor", „hinter", „neben", „unten". Eine gute Raumwahrnehmung ist nicht nur bei allen Fangspielen und Bewegungsspielen wichtig, sie ist auch eine Voraussetzung für das Rechnen- und Schreibenlernen.

 Slalomlauf

Sammeln Sie Papprollen von Haushalts- oder Toilettenpapier. Bauen Sie mit Ihrem Kind auf dem Boden eine Slalomstrecke mit den Papprollen auf, indem Sie diese senkrecht auf den Boden stellen. Nun laufen Sie im Slalom, in Kurven und Kreisen um die Papprollen herum und versuchen dabei, keine der Rollen umzustoßen.

Beim nächsten Durchgang nehmen Sie einen Tennisball hinzu und versuchen, den Ball mit der Hand oder
dem Fuß um die Papprollen herum zu rollen.

Abschließend wird der Ball als Fußball und die Papprollen als Ziel benutzt: Aus welcher Entfernung schaffen Sie es, die Rollen umzuschießen? Je weiter ent-
fernt Sie stehen, desto schwieriger wird es natürlich,
deshalb darf jeder die Entfernung selbst festlegen.

 ## Rettungsinseln

Vereinbaren Sie mit Ihrem Kind eine Bewegungsge-
schichte: Es regnet durchs Dach, und plötzlich steht die
Wohnung unter Wasser. Retten kann man sich nur, indem man sich an die Orte begibt, die in der Geschichte
genannt werden wie „auf das Sofa", „hinter den Stuhl",
„unter das Fenster". Diese Orte sind einzelne Gegenstände, die sich im Zimmer befinden. Mal darf Ihr Kind,
mal dürfen Sie eine neue Rettungsinsel ausrufen.

 ## Wege im Labyrinth

Legen Sie mit Ihrem Kind im Flur oder im Wohn-
zimmer mit einem langen Wollfaden Wege auf dem
Boden aus. Jeder hat ein andersfarbiges Wollknäuel.
Manchmal kreuzen sich die Wege. Nun soll jeder den
Weg des anderen nachgehen. Er darf sich an den

Kreuzungen nicht irritieren lassen – die Farbe hilft ihm, den Weg weiterzuverfolgen.

 Schneckenspuren

Eine Schnecke hat sich in der Wohnung einquartiert. Man erkennt dies an der Kriechspur, die überall zu sehen ist. Wer kann auf der Spur (ein durch mehrere Zimmer ausgelegter Woll- oder Bindfaden) balancieren, kriechen, krabbeln, rückwärts gehen? Wer kann der Kriechspur auch über den Sessel, den Stuhl etc. folgen?

Das folgende Spiel fördert in erster Linie die differenzierte Sinneswahrnehmung:

 Fußerlebnisse

Barfuß laufen, im Sommer auf der Wiese und auf steinigen oder sandigen Wegen, macht Kindern großen Spaß. Bauen Sie einmal mit Ihrem Kind draußen gemeinsam eine Taststraße für die Füße: Unterschiedliche Materialien (ein Stück flauschiger Teppich, Steine, eine harte Kokosmatte, Sand, Grasschnitt, Steinplatten usw.) ergeben in Kombination einen reizvollen Fußweg, auf dem die Füße „sehen" lernen.

Spiele zur Förderung der Geschicklichkeit und der Feinmotorik

Die Feinmotorik betrifft die Feinsteuerung der Bewegungen der Hände und Füße. Zielgerichtete Bewegungen sind z.B. beim Gebrauch von Werkzeugen, beim Schreiben und beim Malen notwendig. Geübt werden kann die hierfür erforderliche Geschicklichkeit in Spielsituationen, die gezielte Greifbewegungen und differenzierte Hand- und Fußbewegungen erfordern.

 ### Fußtransport

Jedes Kind bekommt einen Holzreifen – er ist sein Haus, in das es möglichst viele der in der Mitte des Raumes liegenden Gegenstände (Tücher, Stifte, Holzstäbchen etc.) bringen soll. Allerdings darf es diese nicht mit den Händen anfassen. Für den Transport sind nur die Füße erlaubt, außerdem darf jeweils nur ein Gegenstand auf einmal transportiert werden. Schieben ist auch nicht erlaubt, die Gegenstände sollen mit den Zehen aufgegriffen werden. Zum Schluss wird gezählt, wie viele (verschiedene) Gegenstände jeder Spielteilnehmer in seinem Reifen gesammelt hat.

 ### Seilformen ertasten

Denken Sie sich gemeinsam mit Ihrem Kind verschiedene Formen aus, die Sie mit einem Seil auf dem

Boden auslegen können (Schlange, Dreieck, Kreis, Viereck, ein Buchstabe oder eine Zahl). Legen Sie nun mit einem Seil oder einem Bleiband (Gardinenschnur) eine Form auf den Boden. Ihr Kind soll mit seinem Seil diese Form nachlegen. Dann werden die Rollen getauscht: Ihr Kind legt eine Form, die Sie nachlegen müssen.

Jetzt wird die Aufgabe schwieriger: Ihr Kind hat die Augen geschlossen, es sieht also nicht, wie Sie die Form legen. Es soll das Seil mit geschlossenen Augen abtasten und die Form anschließend mit dem eigenen Seil nachlegen.

 Fußgreifspiele

Auch mit den Füßen kann man mit dem Seil Formen legen: Ein Ende des Seils wird zwischen den Zehen eingeklemmt (oder mit den Zehen gegriffen) und dann in verschiedenen Formen auf dem Boden ausgelegt.

Spiele zur Förderung der Kraft

Die Kraft ist abhängig von einer gut ausgebildeten Muskulatur. Die Stützkraft der Arme und die Sprungkraft der Beine sind bei vielen sportlichen Übungen notwendig. Bei Kindern geht es aber zunächst einmal um die spielerische Auseinandersetzung mit der eigenen Kraft und der der anderen Spielteilnehmer.

 ## Pfützenspringen

Für dieses Spiel benötigen Sie mehrere Zeitungsblätter. Verteilen Sie diese gemeinsam mit Ihrem Kind auf dem Fußboden. Sie stellen Pfützen dar, über die die Kinder hinwegspringen sollen. Mit welchen Sprüngen lassen sich die Zeitungen überwinden? Indem man mit beiden Füßen gleichzeitig abspringt, einbeinig, in einem großen Schrittsprung oder mit Hilfe der Hände, die man hinter der Zeitung aufstützt?

 ## Hindernis-Parcours

Legen Sie im Flur, in einem größeren Zimmer oder auf einer Wiese mehrere Schuhkartons aus. Lassen Sie Ihr Kind überlegen, wie man am besten über die Schuhkartons (Hindernisse) springen kann.

Erfinden Sie gemeinsam eine Spielidee: Vielleicht möchte Ihr Kind ein Pferdchen sein, das über die Hindernisse springt. Wenn das Pferd es sich zutraut, können auch zwei oder mehrere Kartons übereinander gestapelt werden.

Abschleppen

Sie benötigen ein Stück Teppich oder eine alte Decke. Einer darf sich auf den Teppich bzw. die Decke setzen und wird von den anderen Mitspielern abgeschleppt. Auf diese Weise wird er durch das ganze Zimmer gezogen. Je glatter der Boden ist, desto besser gelingt die Aktion. Die „Abschlepper" müssen kräftige Muskeln haben (oder bekommen sie beim Spiel!).

Spiele zur Förderung der Ausdauer

Fangspiele eine gewisse Zeit durchhalten, Treppen in einem Zug hochlaufen, beim Rennen nicht so schnell ermüden – dazu benötigt man Ausdauer. Im weiteren Sinne ist Ausdauer auch in der Schule wichtig: Bei einer Sache längere Zeit verweilen, Hausaufgaben erledigen, dem Unterricht konzentriert folgen – die bei Bewegungsaktivitäten geübte Ausdauer kann für Ihr Kind auch ein Modell für andere Lebenssituationen sein, in denen man nicht so schnell aufgeben sollte.

Spielen Sie mit Ihrem Kind häufiger einfach einmal Fangen. Auch ohne Material und komplizierte Spielregeln machen Nachlaufspiele Kindern Spaß. Je einfacher die Regeln, desto größer wird die Anstrengung sein.

Klammerjäger

Jeder Mitspieler erhält fünf bis zehn Wäscheklammern und darf sich diese an die Kleidung stecken. Nun laufen alle durcheinander und versuchen, sich gegenseitig die Klammern abzujagen. Hat jemand eine Klammer erwischt, darf er sich diese an die eigene Kleidung heften.

Nach einigen Spielminuten wird das Spiel unterbrochen. Nun wird ausgezählt, wie viele Klammern jeder noch besitzt. Wie viele Klammern haben die Kinder? Wie viele haben die Erwachsenen? Wer hat die meisten Klammern?

Autorennen

Jeder Teilnehmer erhält einen Wurfring oder einen Gummiring. Sie stellen Lenkräder eines Autos dar. Jedes Kind darf selbst entscheiden, welchen Autotyp er fährt: einen schnellen Rennwagen, einen klapprigen Oldtimer, ein rasantes Motorrad oder einen keuchenden Trecker. Die Fahrzeuge begeben sich auf die „Straße"; alle sollen drei Minuten in Fahrt bleiben. Nun darf jeder Autofahrer selbst entscheiden, welches Tempo er wählt. Wichtig ist, dass er die vorgegebene Zeit durchhält. Eine Eieruhr gibt an, wann die Zeit zu Ende ist.

Zappelphilipp

„Wir spielen Zappelphilipp: Der Zappelphilipp kann nicht ruhig sitzen, immer zappelt er herum. Er beginnt mit den Händen, schüttelt sie, dann schüttelt er die Schultern, den Oberkörper, sogar der Kopf wackelt hin und her, er schüttelt die Beine, den ganzen Körper. Der Zappelphilipp springt hin und her, hüpft auf der Stelle und im Raum umher."

Anschließend sollte eine Ruhephase erfolgen: „Der Zappelphilipp ist vom vielen Zappeln ganz erschöpft, er legt sich zum Ausruhen auf den Boden oder auf eine Matte."

Spiele zur Förderung von Entspannung und Ruhe

Stille ist die Voraussetzung für Konzentration und Aufmerksamkeit. Für Kinder ist sie nicht selbstverständlich, manchmal müssen sie Stille erst einmal bewusst erleben und auch einüben. Stilleübungen sollten nicht zu lange dauern. Versuchen Sie herauszufinden, wann der richtige Zeitpunkt gekommen ist, sie abzubrechen. Kinder brauchen oft eine Weile, um sich auf solche Übungen einlassen zu können.

Kissenschlacht

Ein Erwachsener und ein Kind stehen sich gegenüber. Zwischen beiden ist auf dem Boden eine Linie gezeichnet (oder ein Seil liegt auf dem Boden und markiert die Trennungslinie). Jeder Mitspieler hat mehrere kleine und große Kissen oder Schaumstoffwürfel und bewirft damit sein Gegenüber. Schnell muss immer wieder für Nachschub gesorgt werden. Dabei darf die Mittellinie nicht übertreten werden.

Ruhephase: Alle Mitspieler legen sich auf Kissen und Schaumstoffwürfel und ruhen sich aus. Die Ruhephase kann von einer Geschichte begleitet werden: „Die Kissenwerfer haben den ganzen Tag hart gearbeitet und ihre Stadt vor Eindringlingen bewahrt. Sie sind vom vielen Werfen und Laufen ganz müde, legen sich auf ihre weichen Kissen und schlafen ein. Die Arme tun ihnen vom Werfen weh, die Beine sind ganz erschöpft vom Rennen, sie sind froh, jetzt Pause machen zu dürfen."

Geräusche erkennen

Setzen Sie sich mit Ihrem Kind an einen ruhigen, gemütlichen Ort in Ihrer Wohnung, und schließen Sie gemeinsam die Augen. Lassen Sie eine Tür oder ein Fenster offen, achten Sie auf die Geräusche, die von draußen zu hören sind. Besprechen Sie mit Ihrem Kind anschließend, welche Geräusche Sie gehört haben (ein vorbeifahrendes Auto, Kirchenglocken, die Kinder aus dem Nachbarhaus). Sie können diese Übung auch im Freien auf einer Parkbank machen.

 Zudecke

Ihr Kind legt sich auf den Rücken und schließt die Augen. Legen Sie ihm nun ganz vorsichtig einige Bierdeckel auf den Bauch. Legen Sie dann einen Pappdeckel nach dem anderen auf seinen Körper, und decken Sie es damit ganz zu.

Ihr Kind darf nun entscheiden, ob die Decke wieder ganz langsam aufgedeckt wird (Pappscheiben abnehmen) oder ob es sich selbst schütteln und so alle Pappscheiben abwerfen will. Anschließend werden die Rollen gewechselt.

 Den Atem spüren

Legen Sie eine Decke auf den Boden. Ihr Kind legt sich auf den Rücken. Legen Sie ihm nun ein Kuscheltier auf die Brust und bitten Sie es, einmal bewusst auf seinen Atem zu achten: „Atme tief durch die Nase ein, und spüre, wohin die Luft strömt. Du kannst die Luft in der Brust spüren, du kannst aber auch ganz tief in den Bauch einatmen. Schau dir das Kuscheltier genau an, wie es sich auf und ab bewegt, wenn du atmest. Leg es dabei mal auf den Bauch und mal auf die Brust. Es bewegt sich nach oben, wenn du einatmest, und sinkt wieder herunter, wenn du ausatmest."

Fazit: Damit sich die motorischen Fähigkeiten eines Kindes gut entwickeln können, bedarf es ausreichend Zeit, Raum und Gelegenheit zum Spielen. Anregungen durch die Eltern können den Ideenreichtum der Kinder erweitern, dabei wirkt das Mitmachen meist ansteckender als Empfehlungen und Aufforderungen.

Es müssen nicht immer kostspielige Sportgeräte vorhanden sein, um Bewegungsspiele zu erfinden, manchmal haben Alltagsmaterialien wie Zeitungen, Kochlöffel oder Pappdeckel einen ganz besonderen Spielwert. Ihn gilt es bei den wilden wie bei den ruhigen Spielen gemeinsam zu entdecken.

Und Sie?
Bewegung
im Familienalltag

Eltern sollten ihr Kind bei seinen Bewegungsaktivitäten begleiten, ihm Anregungen geben und
Mut machen, wenn ihm etwas nicht auf Anhieb
gelingt. Wenn Sie Lust haben, machen Sie doch
einfach mit!

Nina hat gerade einen Schwimmkurs abgeschlossen. Sie hat dort das „Seepferdchen" erworben und ist nun ganz „wild" darauf, ihrer Mutter die neuen Schwimmkünste zu zeigen. Jeden Tag drängelt sie, die Mutter solle mit ihr ins Schwimmbad gehen.

Am Wochenende ist es dann endlich soweit: Nina und ihre Mutter haben sich mit der Nachbarin und deren Tochter verabredet und verbringen gemeinsam zwei vergnügliche Stunden im Hallenbad.

Nina ist glücklich – müde vom vielen Schwimmen und Herumtoben im Wasser schläft sie am Abend so gut ein wie schon lange nicht mehr. Und auch ihre Mutter fühlt sich körperlich wohl, die Bewegung im Wasser hat ihre Rückenschmerzen gelindert. Alle vier nehmen sich vor, ab sofort regelmäßig gemeinsam zum Schwimmen zu gehen. Und wenn es die Mütter vergessen, erinnern ihre Kinder sie daran.

Nicht nur bei Kindern – auch bei den Eltern kann Bewegung zur Steigerung des Wohlbefindens beitragen. Deswegen sollten Sie sich einmal Gedanken darüber machen, wie Sie mehr Bewegung in Ihren Alltag bringen können – sich selbst und Ihrem Kind zuliebe.

PRAXISTEST FÜR ELTERN

Nehmen Sie sich die Zeit und denken Sie darüber nach, welche Rolle Bewegung in Ihrer Kindheit spielte und wie Ihr beruflicher und häuslicher Bewegungsalltag heute aussieht.

- Welche Möglichkeiten hatten Sie in Ihrer Kindheit zum Spielen und zur Bewegung?

- Konnten Sie viel draußen spielen?

- Gab es bestimmte Orte, an denen Sie in der Regel andere Kinder trafen, mit denen Sie spielen konnten?

- Hatten Sie Gelegenheit, auch ohne Beaufsichtigung der Eltern zu spielen?

- Wie sind Sie zur Schule gekommen (mit dem Auto der Eltern, mit dem Fahrrad, zu Fuß)?

- Wie viel Zeit verbrachten Sie vor dem Fernseher, mit Computerspielen?

- Hatten Sie als Jugendliche sportliche Hobbys? Und wie sieht Ihr Bewegungsalltag heute aus?

- Wie viele Stunden haben Sie heute gesessen? Wie viele Stunden haben Sie sich bewegt?

- Was tun Sie nach einem arbeitsreichen Tag zu Ihrer eigenen Entspannung?

- Steigen Sie bei kleineren Besorgungen eher ins Auto, nehmen Sie das Fahrrad oder gehen Sie zu Fuß?

- Sind Sie sportlich aktiv?

- Verabreden Sie sich hin und wieder mit anderen Familien zum gemeinsamen Spielen und Sporttreiben?

- Was haben Sie sich in den letzten vier Wochen an sportlichen Aktivitäten vorgenommen? Was haben Sie davon wirklich umgesetzt?

Wenn Sie sich an Ihre eigene Kindheit erinnern, werden Sie feststellen, dass Sie früher viele Möglichkeiten hatten, sich draußen und mit anderen Kindern zu bewegen. Fernseher und Computer spielten in Ihrer Kindheit wahrscheinlich eine eher untergeordnete Rolle. Heute ist das anders. Kindern geht dadurch manches an Erfahrungsmöglichkeiten verloren.

Wenn Sie Ihren eigenen Bewegungsalltag überdenken, werden Sie wahrscheinlich zu dem Ergebnis kommen, dass Sie sich immer wieder vornehmen, sich mehr und regelmäßig zu bewegen, dass es aber meist bei den guten Vorsätzen bleibt.

Vielleicht müssen Sie sich einfach selbst überlisten, um der Trägheitsfalle zu entrinnen: Verabreden Sie sich mit anderen Familien zu gemeinsamen Unternehmungen: zum Fahrradfahren, Schwimmen oder zu einem Waldspaziergang. Den Kindern werden die Spielmöglichkeiten in der Gruppe ganz besonderen Spaß machen, und auch Ihnen wird es so leichter fallen, die guten Vorsätze umzusetzen, als wenn Sie sich alleine „aufraffen" müssen.

ELTERN SIND VORBILDER

Eltern sollten sich bewusst sein, dass ihr eigenes Verhalten Vorbild für das Kind ist. So wird der Lebensstil, den Eltern ihrem Kind vorleben, von diesem meist unbewusst übernommen. Ob man also den Fahrstuhl nimmt oder lieber selbst die Treppe hinaufläuft, ob Fernsehen als Entspannung nach einem anstrengenden Arbeitstag bevorzugt wird oder ein Gang nach draußen – all das wird auch Ihr Kind verinnerlichen.

Vor einigen Jahren entdeckten Hirnforscher die sogenannten Spiegelneuronen im Gehirn von Affen, sie wurden immer dann angeregt, wenn das jeweils untersuchte Tier einen anderen Affen bei Bewegungen beobachtete. Auch Kinder scheinen schon früh die Fähigkeit zu besitzen, bei anderen beobachtete Verhaltensweisen zu übernehmen. Das gilt für Körperhaltungen, Gestik und Mimik, aber auch für innere Werthaltungen und Einstellungen.

ANREGUNGEN FÜR EIN „BEWEGTES FAMILIENLEBEN"

Die Familie ist der Ort, wo erste Bewegungsgewohnheiten der Kinder geprägt werden. Durch eine anregende Bewegungsumwelt, durch das Schaffen vielfältiger Bewegungsmöglichkeiten auch im alltäglichen Leben und durch das Eingehen auf die kindlichen Bewegungsbedürfnisse können Eltern in hohem Maße dazu beitragen, die Entwicklung ihrer Kinder zu unterstützen.

Die Wohnung und die häusliche Umgebung sind die ersten Erfahrungs- und Bewegungsräume von Kindern. Wie Kinder sich hier bewegen dürfen, welche Spielmöglichkeiten sie vorfinden, ob das Kinderzimmer ihren Bedürfnissen entsprechend eingerichtet ist, wie die Eltern selbst mit den Kindern spielen, dies bildet das Fundament, auf dem die gesamte weitere Entwicklung gründet.

Die Aufforderung, die von der unmittelbaren Umgebung ausgeht, ist oft bereits Anlass für aktive Erkundungen. Besonders wichtig ist allerdings, wie sich die Eltern und Bezugspersonen gegenüber dem Kind verhalten: Überbehütung schränkt den Bewegungsraum der Kinder ein, sie werden übervorsichtig und trauen sich meist weniger zu, als sie tatsächlich leisten könnten.

Wichtig ist daher auch, wie die Eltern auf die Bewegungsaktivitäten ihres Kindes reagieren, ob und wie sie es eventuell unbewusst einschränken (mit Äußerungen wie „Musst du denn auf jede Mauer klettern?") oder aber wie sie es ermuntern und in seinem Verhalten sogar bestärken („Das war aber ganz schön schwierig, über die Mauer zu balancieren, aber du hast es prima geschafft!"). Das alles verinnerlicht das Kind und überträgt es auf vergleichbare Situationen.

Zum ersten Mal alleine das Schwimmbecken durchschwommen zu haben, Fahrrad gefahren oder auf einen Baum geklettert zu sein, erfüllt das Kind mit großem Stolz über die eigene Leistung. Diese Erfahrungen geben ihm auch Mut, bei Schwierigkeiten nicht gleich aufzugeben, sondern es immer wieder aufs Neue zu versuchen – vielleicht mit einem anderen Plan, einer neuen Strategie.

Bewegungsmöglichkeiten in der Wohnung

Für Bewegungsspiele müssen nicht immer spezielle Räume aufgesucht werden, auch in einer kleinen Wohnung gibt es vielfältige Bewegungsmöglichkeiten: So können z.B. Diele oder Flur zum Schlittern auf Staubtüchern benutzt werden – sofern sie einen glatten Bodenbelag haben (Holzfußboden, Kunststoffbelag, Steinplatten). Im Flur können an der Decke Haken für eine Schaukel, im Türrahmen kann ein Reck angebracht werden. Beides sollte abnehmbar sein, damit die unterschiedlichen Bedürfnisse der Familienmitglieder berücksichtigt werden können.

Bei der Gestaltung des Kinderzimmers sollten möglichst nicht allein die ästhetischen Vorstellungen der Erwachsenen den Ausschlag geben, sondern die vielfältige Nutzbarkeit durch die Kinder beim Spiel. Dazu zählen z.B. kleinere Matratzenelemente, die zum Bauen von Höhlen, zum Springen und Rollen, aber auch als Sitz- oder Liegefläche (oder als Ersatzbett für Gäste) genutzt werden können. Stabile Haken an der Decke ermöglichen das Aufhängen einer Tellerschaukel (platzsparend) oder einer Hängematte. Ein solches sparsam möbliertes Zimmer kann von den Kindern jederzeit selbstständig nach Bedarf umgestaltet werden, es kann für Phasen der Ruhe ebenso wie für Phasen der Bewegung genutzt werden.

Kleine Dinge – große Wirkung

Zum Spielen und Bewegen müssen nicht immer aufwändige Geräte angeschafft werden. Oft regen alltägliche Gegenstände zu besonders fantasievollen Spielideen an. Bevorzugen Sie Spielzeug, mit dem Ihr Kind selbst aktiv werden kann, Dinge, mit denen es etwas „machen", also selbst bauen, konstruieren oder umfunktionieren kann.

Werfen Sie deshalb nicht jeden Karton gleich weg, bewahren Sie ihn auf und stellen Sie ihn Ihrem Kind zur Verfügung, es wird ein Haus daraus machen,

einen Kriechtunnel, eine Raumstation... In einen
Karton kann man hineinspringen, man kann damit
kriechen, sich verstecken oder ihn anmalen. Je nach
Größe eignet er sich für ganz unterschiedliche Bewe-
gungs- und Rollenspiele.

Bewegungsräume in der Natur

Suchen Sie mit Ihrem Kind so oft wie möglich natürliche Spielräume auf – gehen Sie mit ihm in den Wald
und nutzen Sie die Spiel- und Bewegungsmöglichkeiten, die sich Ihnen hier bieten: Auf Baumstämmen
balancieren, hinter den Bäumen Verstecken spielen,
Hänge hinaufrennen, Fangen spielen, von einem
Holzstapel in weiche Blätteruntergründe springen,
über einen Bachlauf mit einem Baumstamm eine
Brücke bauen, auf dem Bach ein Schiff (großes
Blatt, ein Stück Holz) auf die Reise schicken, hinter-
herlaufen und sehen, wie lange man es begleiten
kann...

Spielzeit statt Fernsehzeit

Dosieren Sie die Fernsehzeiten Ihres Kindes, be-
schränken Sie diese auf ein Minimum und auf aus-
gewählte Sendungen, die Sie gemeinsam mit dem
Kind aussuchen. Aber prüfen Sie auch Ihren eigenen Fernsehkonsum: Wie oft schalten Sie das Fern-

sehgerät ein, ohne genau zu wissen, was Sie eigentlich sehen wollen, einfach nur aus Gewohnheit? Verzichten Sie auf eine Ihrer gewohnten Fernsehzeiten und schenken Sie diese Zeit Ihrem Kind (z.B. jeden Abend vor 20 Uhr). Im Wechsel darf sich jeder ein Spiel wünschen.

Wenn Ihr Kind unruhig ist

Mahnen Sie Ihr Kind nicht zur Ruhe, wenn es unruhig und nervig ist. Verstehen Sie sein Verhalten als Signal, dass es Bewegung braucht. Gehen Sie mit ihm in diesem Fall nach draußen, machen Sie vielleicht eine kleine Radtour oder in der Wohnung einfach ein Fangspiel. Und wenn wenig Zeit und Raum vorhanden sind: Legen Sie fetzige Musik auf, und spielen Sie mit Ihrem Kind „Fitnesstraining": Nach einigen Hampelmannsprüngen wird es von selbst das Bedürfnis nach Ruhe äußern.

Bewegungsangebote können unruhigen Kindern auf ihrer Suche nach innerer und äußerer Balance helfen, ihr Gleichgewicht zu finden. Kinder können dabei lernen, mit ihren scheinbar unkontrollierten, schlecht dosierten und übermäßigen Bewegungsimpulsen umzugehen. Auch der bewusste Wechsel von Ruhe- und Bewegungsphasen, von Anspannung und Entspannung kann dazu beitragen, impulsives, unkontrolliertes Verhalten im Sinne einer Selbststeuerung des Kindes zu beeinflussen.

Kitzel- und Raufspiele

Machen Sie hin und wieder einmal ein Kitzel- und
Raufspiel mit Ihrem Kind. So lernt es, seine Körperkräfte richtig einzuschätzen. Kinder lieben Körperkontakt, und auch ältere Kinder haben noch das
Bedürfnis nach körperlicher Zuwendung. Vor allem,
wenn das Kind nervt oder sich in einem Stimmungstief befindet, können Sie durch ein kleines Raufspiel
seine Aktivität wieder wecken. Das hilft oft mehr als
Ermahnungen und Vorwürfe.

Alle Sinne einbeziehen

Unterstützen Sie alle Aktivitäten Ihres Kindes, die die
Sinneswahrnehmung ansprechen und bei denen
möglichst viele Sinne beansprucht werden. Beteiligen Sie es beim Kuchenbacken und lassen Sie es rühren, den Teig kneten, schmecken, formen, Veränderungen im Backofen beobachten, den heißen Kuchen
herausholen etc.

Führen Sie Entspannungsrituale – z.B. vor dem Einschlafen – ein. Das können z.B. Bildergeschichten,
Traumreisen oder Massagespiele sein.

Positive Bekräftigung

Formulierungen wie „Musst du denn immer ...", „Fall nicht von der Mauer herunter" oder „Dass du dir nur ja nicht wehtust ..." lenken die Aufmerksamkeit des Kindes auf das, was es nicht tun soll, aber sie zeigen ihm keine Alternative für sein Verhalten auf.

Wenn Sie Ihrem Kind etwas verbieten müssen, dann erklären Sie ihm, warum es das nicht tun darf. Das Wichtigste ist aber, dass Sie das bekräftigen, was es an Positivem geleistet hat. „Prima, wie weit du schon klettern kannst, das ist ganz schön hoch, da muss man aufpassen, aber du bist ja sehr vorsichtig und schaust genau hin." Ihr Kind wird motiviert, die Aufgabe gut zu bewältigen, es richtet seine Aufmerksamkeit auf das, was wichtig ist.

Die Bestätigung, etwas zu können, eine Aufgabe geschafft zu haben, verleiht dem Kind Mut, lässt es Freude über das Erreichte empfinden und spornt es an, sich weiter anzustrengen. Wichtiger als die objektiven Fähigkeiten eines Kindes ist nämlich seine Selbsteinschätzung: Traut es sich etwas zu? Welche Meinung hat es von seinen eigenen Fähigkeiten?

Viel schwerwiegender als ein Misserfolg ist Vermeidungsverhalten. Schlimmer als ein Risiko ist es, nichts zu riskieren. Durch eine gelungene Handlung kann ein Kind sich auch selbst bekräftigen; es kann die Handlung wiederholen und sich dabei selbst sagen: „Das habe ich gut gemacht, das habe ich geschafft!" Dies steigert das Selbstwertgefühl des Kindes. So kann es sich selbst bestätigen und ist nicht auf die Bewertung durch Erwachsene angewiesen.

Belohnungen – was sie bewirken können

Vermeiden Sie das Versprechen von Belohnungen. Ihr Kind macht eine Sache dann nicht mehr, weil es sie gerne tut, weil es an ihr selbst Spaß hat, sondern weil es dafür eine Belohnung bekommt (etwa ein Eis für gutes Mitmachen in der Turnstunde). Dadurch wird die eigene Antriebsfeder zerstört, die Aufmerksamkeit wird auf etwas anderes als die momentane Betätigung gelegt. Durch die Bewältigung einer Aufgabe, vor allem einer, die wir körperlich geschafft haben, erleben wir ein emotionales Glücksgefühl, das die Anstrengungsbereitschaft verstärkt und unsere Motivation unterstützt.

Selbstständigkeit unterstützen

Im Trotzalter wehrte sich Ihr Kind gegen jegliche Einmischung von außen, weil es mit aller Kraft Selbstständigkeit erreichen wollte. „Selber" hieß das wichtigste Wort. Dieser Drang nach Selbstständigkeit, nach selbstgesteuertem Lernen, nach Fortschritt und Kompetenzzuwachs hört auch mit zunehmendem Alter nicht auf, unterliegt aber der Gefahr, nach dem Schuleintritt von einer sekundären Belohnung (gute Noten für gute Leistungen anstelle von Bekräftigung) verdrängt zu werden.

Geben Sie Ihrem Kind weiterhin die Chance, selbstständiger zu werden, die Welt zu erforschen, zu verstehen. Lassen Sie Ihrem Kind die Neugierde, das Spielbedürfnis und das Interesse an allem Neuen – sie sind die besten Voraussetzungen, dass es sich weiterentwickelt und lernt, auch in der Schule.

Fazit: Eltern können Partner und Mitspieler sein. Sie können Anregungen geben, mit dem Kind gemeinsam Spielideen entwickeln und dabei etwas für die Gesundheit ihrer Kinder – aber auch für sich selbst – tun.

Das Wichtigste bei den gemeinsamen Bewegungsspielen ist der Spaß und die Freude, die entsteht, wenn sich Eltern und Kinder gemeinsam betätigen, wenn sie miteinander spielen, Kunststücke ausprobieren und ihre Kräfte messen. So bleiben Sie und Ihre Kinder fit und mobil!

ANHANG

Literatur

Grössing, S./Grössing, N.: Kinder brauchen Bewegung. Wiebelsheim: Limpert 2002

Meinders-Lücking, F./Loy, S.: Wie schulfähig ist mein Kind? Freiburg: Herder 2006

Näger, S.: Eltern dürfen mitspielen. Freiburg: Herder 1998

Suhr, A.: Zahlen hüpfen – Buchstaben springen. Bewegungsspiele zur ganzheitlichen Schulvorbereitung. München: Don Bosco 2006

Zimmer, R.: Schafft die Stühle ab! Was Kinder durch Bewegung lernen. Freiburg: Herder 2002

Zimmer, R.: Toben macht schlau! Bewegung statt Verkopfung. Freiburg: Herder 2004

Zimmer, Renate: Bewegungsförderung. München: Don Bosco 2004

Zimmer, R.: Kreative Bewegungsspiele. Psychomotorische Förderung im Kindergarten. Freiburg: Herder 2005

Zimmer, R.: Handbuch der Bewegungserziehung. Freiburg: Herder 2005

Zimmer, R.: Handbuch der Sinneswahrnehmung. Grundlagen einer ganzheitlichen Erziehung. Freiburg: Herder 2006

Zimmer, R.: Mach einfach mit! Bewegungsförderung. Freiburg: Velber 2006

Zimmer, R.: Kinder brauchen Selbstvertrauen. Bewegungsspiele, die klug und stark machen. Freiburg: Herder 2006

Zimmer; R.: Bewegung und Entspannung. Praktische Beispiele für die Arbeit mit Kindern. Freiburg: Herder 2006

Zimmer, R./Hunger, I. (Hrsg.): Wahrnehmung – Bewegung – Lernen. Schorndorf: Hofmann 2004

Adressen

Unterstützung und Beratung zu Fragen der Bewegungsförderung Ihres Kindes finden Sie bei folgenden Berufsgruppen und Institutionen:

- Familienbildungsstätten

- Turn- und Sportvereine in Ihrer Umgebung

- Kinderärzte und Psychologische Beratungsstellen

- Motopäden, Dipl.-Motologen, Physiotherapeuten und Ergotherapeuten, die Bewegungsangebote für Kinder mit besonderen Entwicklungsbedürfnissen anbieten

Überregionale Anschriften

- Deutsche Turnerjugend, www.tuju.de

- Deutsche Olympische Sportjugend, www.dsj.de

- Aktionskreis Psychomotorik,
  www.psychomotorik.com

- Förderverein Psychomotorik Bonn,
  www.psychomotorik-bonn.de

Die Verfasserin erreichen Sie unter:

www.renatezimmer.de